Mitos Sum prosa

J.G. Radigales

CW01497946

Dedicado a Virginia en agradecimiento a
todo su apoyo.

Prólogo

En este libro os presento una pequeña recopilación de algunos de los principales mitos sumerios en forma de cuentos en prosa. Para la elaboración de estos cuentos he utilizado algunas de las principales traducciones de tablillas cuneiformes sumerias. El problema de estas traducciones es, por un lado el propio estado de las tablillas, que con el paso de los milenios han sufrido daños y han perdido líneas o incluso párrafos enteros. Por otro lado, el estilo literario del tercer milenio antes de Cristo es complicado y en ocasiones con fórmulas repetitivas. Estas dos principales razones hacían la lectura difícil y aburrida, siendo necesario la utilización de material de apoyo para poder descifrar el argumento. Para poder salvar estos inconvenientes he adaptado la narrativa a un lenguaje actual y he completado las partes perdidas, principalmente las descripciones del ambiente, y en algunos casos interpretando de forma imaginativa los sucesos relatados en la tablilla original. Espero que estos cambios hagan más amena la lectura y faciliten el conocimiento de la mitología original sumeria, ya que estos textos eran las primeras versiones, sin los añadidos posteriores de versiones acadias, babilónicas, clásicas o, como descubriréis con la lectura, adaptaciones que han llegado hasta nuestros días a través de la Biblia. Espero que disfrutéis de estos breves cuentos mitológicos y juzguéis el contenido teniendo en cuenta las diferencias culturales y morales que hay entre el siglo XXI y la época en la que se escribieron estos textos, hace cinco mil años.

Índice

Shukallituda el jardinero

Shukallituda era un joven sumerio que tenía unas tierras de las que quería poder sacar provecho. Pensó en convertirlas en un jardín, un huerto en el que cultivar alimentos y así tener una forma de ganarse la vida. Shukallituda no tenía conocimientos de agricultura, solo las pocas nociones que había aprendido por observación durante su niñez en la aldea de su padre, pero decidido a convertirse en jardinero se puso manos a la obra.

Shukallituda comenzó a cavar surcos y regueros a lo largo de los cuadrados de tierra, pero mientras lo hacía tropezaba con las raíces, que le provocaban arañazos. Los vientos traían con furia el polvo y la arena de las montañas, que le azotaban el rostro y las manos y cubrían los surcos, arruinando toda su labor. El sol se ponía en las tierras de Sumer marcando el fin de la jornada; desanimado, Shukallituda se sentó en el suelo, lamentándose de no haber aprendido el oficio de jardinero cuando era niño y habiéndose solo interesado por las historias y aventuras de los dioses.

Pero, ¡Espera!, puede que esas leyendas no fueran del todo inútiles, puede que las técnicas de interpretación religiosa que le había enseñado su padre pudieran ayudarle. Con la oscuridad de la noche sobre su cabeza, Shukallituda se puso en pie y alzó la mirada en dirección al sur, a las tierras bajas, después observó las estrellas del este, el norte y el oeste. Contempló el firmamento donde se escriben los signos de los dioses, lo que llamaban comúnmente la escritura de los astros, y estudiando y analizando la posición de las estrellas descubrió los presagios que escondían y pudo interpretar las leyes divinas de la horticultura.

A la mañana siguiente, tras una noche intensa de revelaciones, Shukallituda se levantó con la primera luz del día y seguro e inspirado por el conocimiento adquirido de los designios celestiales se puso a trabajar en sus tierras. Lo primero que hizo fue seleccionar diez puntos estratégicos de su terreno, y plantar en ellos árboles del sarbatu, una especie de sauces que gracias a su opulento follaje proporcionan buena sombra desde el amanecer hasta el anochecer, y protege a las hortalizas del huerto del abrasador sol. De esta forma Shukallituda finalmente consiguió que su jardín diera frutos.

Un día, Inanna, la dama del cielo, diosa del amor y la guerra, cruzó los cielos y la tierra del Elam y Shubur, y se apareció en su templo. En él formó parte de los ritos consagrados de las hieródulas, mujeres adscritas al templo que ejercían la prostitución sagrada. Tras su aparición en las ceremonias, Inanna atravesó los cielos hasta que, vencida por el cansancio, paró en el jardín de Shukallituda donde cayo dormida por la extenuación.

Shukallituda, que se encontraba en el otro extremo de su jardín observó asombrado la llegada de la diosa desde la oscuridad de la noche. Al ver que la divina Inanna quedó profundamente dormida se atrevió a acercarse y abusó sexualmente de su cuerpo agotado. Después de terminar Shukallituda se marchó.

Al despuntar el alba, con la salida del sol, Inanna despertó y horrorizada descubrió que había sido ultrajada por un mortal y tras unos instantes en los que la dama del cielo fue más mujer que diosa, su cara de espanto se transformó en furia y enérgica y veloz ascendió hasta el cielo desde donde miró abajo, a la tierra de los hombres y desató su ira sobre ellos. Inanna llenó de sangre todos los pozos del país, hizo que la sangre corriera por los arroyos de los bosques y los regueros de los jardines y las sirvientas cuando fueron a recoger agua solo llenaron sus cubos con sangre, al igual que los sirvientes al ir al bosque a por leña. La diosa del amor y la guerra se dirigió a la humanidad —¡Quiero descubrir a aquel que ha osado abusar de mí! ¡Y no pararé hasta encontrarle! —pero Inanna no le encontró.

Era noche cerrada, y un anciano se encontraba solitariamente junto al fuego que calentaba y alumbraba una humilde estancia campesina cuando un joven entró por la puerta y se quitó el manto bajo el que ocultaba su cabeza y su cara, era Shukallituda, que dirigiéndose al anciano asombrado dijo —padre, he vuelto.

Shukallituda se sentó con su padre junto al fuego, y le contó todo lo sucedido, como aprendió a trabajar la tierra interpretando los signos divinos de las estrellas, como encontró a Inanna en su jardín y abusó de ella y como había huido de sus tierras y desatado la ira de la diosa, que había lanzado esa plaga que convirtió el agua en sangre. — Padre, ¿qué puedo hacer? —preguntó el joven. Y el anciano le miró a los ojos y dijo — hijo mío, huye a las ciudades de los hombres, ocúltate en ellas, mézclate con sus gentes y así la mujer no podrá encontrarte. — Y así lo hizo, e Inanna no consiguió dar con él.

Entonces la dama del cielo, frustrada por la infructuosa búsqueda volvió a desatar el mal, y castigó a los mortales con una segunda plaga. Los vientos más poderosos y las tormentas más aterradoras que la tierra jamás había sufrido azotaron todos los países durante días, llevando la destrucción a todas las ciudades y campos de Sumer.

Pero Inanna seguía sin consumar su venganza, por lo que decidió desencadenar una tercera plaga, aún más temible que las otras dos, sin embargo, Shukallituda continuaba oculto entre las concurrencias de las grandes ciudades, moviéndose continuamente y manteniéndose invisible entre las multitudes hasta el final de sus días. Y esto marcaría para siempre la relación entre Inanna y la humanidad.

El diluvio universal

Era la sala divina en la que se reunían los dioses, sus paredes de un blanco radiante se mezclaban con el infinito, desde allí se podía observar todo lo que sucedía en el mundo de los hombres. El dios supremo, An, se dirigió a los demás, que se encontraban allí presentes. — los hombres nos han ofendido terriblemente, y deben ser castigados por ello. ¡quiero destruir la humanidad!

Ante tal afirmación Inanna intentó defender a los hombres —tras crear la tierra, la vegetación y los animales, los hombres han mantenido los ladrillos de los templos, nuestro hogar en la tierra ¿deben ser castigados con tanta severidad?

— Mi decisión está tomada —afirmó An ante la sorpresa y desaprobación de algunos de los dioses allí reunidos. Aun así, todos acataron sus deseos.

Enki observaba su ciudad, lamentándose por las vidas que se perderían de forma inevitable. Entonces reparó en el Rey Ziusudra, que siempre había destacado entre los demás hombres y nunca había ofendido a los dioses, y pensó que sería injusto que fuera castigado.

A la mañana siguiente, el rey Ziusudra salió de su palacio, y como todos los días se dirigió al templo, a honrar a los dioses. Tras subir las escaleras, entró en la sala santa, en la que solo reyes y sacerdotes tenían permitido el acceso. Y encontrándose a solas con sus oraciones Enki se dirigió a él, hablándole a través de las paredes de aquel templo, que era su casa en la tierra.

— Ziusudra, soy el dios Enki, escúchame, el futuro de la humanidad depende de ello. El mundo va a ser destruido por un gran diluvio y todas las criaturas que lo habitan perecerán, es el decreto de la Asamblea de los dioses, es la palabra de An, Enlil y Ninhursag. Sigue mis instrucciones si quieres salvarte. — Ziusudra prestó gran atención a todos los detalles del plan de Enki, cuyas palabras brotaban de los muros.

El rey salió del templo y corrió a su palacio, donde sin más demora se puso a trabajar en la construcción de una gran barca, siguiendo las especificaciones que Enki le había transmitido. Obedeciendo fielmente trabajó día y noche sin descanso, hasta que finalmente su labor estaba completada.

Había llegado el día, el cielo se oscureció, dejando en tinieblas la tierra de los hombres. El viento y las tempestades se desataron, y un gran diluvio arrasó los centros de culto. Mientras, Ziusudra se encontraba a salvo en su barca, junto a la simiente de la humanidad, mientras la embarcación era bamboleada por las olas sobre las vastas aguas.

Las tempestades azotaron el mundo durante siete días y siete noches, y entonces, Utu, el dios Sol salió, iluminando el cielo y la tierra. Ziusudra abrió una ventana, y Utu hizo penetrar sus rayos en el interior de la gigantesca barca. El Rey se arrodilló y comenzó a reverenciar a Utu y para agradecerle la salvación, sacrificó en honor de los dioses un gran número de bueyes y carneros.

An y Enlil, conformes con la devoción y el sacrificio de Ziusudra apaciguaron su ira e hicieron descender las aguas y volvió a aparecer la tierra. De la tierra hicieron brotar a los animales y la semilla de la humanidad desembarcó en tierra firme.

Entonces An y Enlil, para agradecer su labor a Ziusudra, con un soplo le premiaron con la vida de un dios, y le llevaron allende los mares, al Dilmun, el paraíso, en oriente, donde viviría por toda la eternidad.

El viaje de Nanna a Nippur

Solo tenía una cosa en mente, el destino de su ciudad, Ur, a orillas del río Éufrates, y para poder asegurarlo tendría que dirigirse a la casa de sus padres. Su nombre era Nanna-Suen, el hombre del cielo, el dios de la Luna.

Nanna sabía que no podía presentarse en la morada de su padre con las manos vacías, por lo que llenó de presentes de todo tipo su nave celestial y despegó a su encuentro. De camino decidió detenerse a recoger otros regalos de gran valor en las ciudades de Larsa y Uruk, donde fue bien recibido por las deidades locales.

Ya tenía todo lo que podía ofrecerles, así que puso rumbo a Nippur, la ciudad sagrada y morada de los dioses Enlil y Ninlil, sus padres.

Al llegar a Nippur Nanna sobrevoló la ciudad y se dirigió al gran templo que coronaba el baluarte, el templo de Ekur. Descendió sobre el muelle de lapislázuli, donde ancló su nave y se acercó a la puerta del grandioso edificio. Allí le esperaba Kalkal, portero del templo, escondido detrás de los grandes portones, dejando solo intuir una mirada silenciosa a través de una tosca abertura.

—Soy Nanna-Suen, vengo a ver a Enlil, ¡abre la puerta! —exclamo intentando darle un tono autoritario, pero dejando entrever sus dudas. — ¡Kalkal, abre la puerta y colmaré este templo de regalos y dones. Traigo bueyes, ovejas, aceite y cerveza contra la tristeza, buñuelos de huevo, peces, cerdos y animales de todo tipo. Kalkal, si me dejas entrar haré que el ganado del templo se multiplique y daré todo lo que traigo en mi nave.

Entonces sonó el cerrojo del portón y Kalkal dejó pasar a Nanna, que se dirigió al salón central del templo. Al llegar allí se encontró con su padre, Enlil, que al verle pronunció —¡Suen, que alegría tenerte aquí! Tráiganle a mi pequeño *hombre del cielo* —que eso significa Nanna— las pastas de harina que le gustan, y el pan especial del Ekur, y mi mejor cerveza, ¡tráigansela también! — y Nanna-Suen se sentó y comió con su padre.

—Enlil, padre, gracias por la comida era muy abundante y realmente he conseguido saciarme, esta abundancia es propia de un rey. Pero has de saber que esta exuberancia radica en la abundancia del agua, y eso es lo que he venido a pedirte. Quiero marchar a Ur.

Nanna-Suen se levantó y con emoción e ilusión empezó a detallar su plan. —Padre, quiero marchar a Ur, concédeme la inundación primaveral, puebla su rio con carpas, provee de grano sus campos, que crezcan las cañas, y que sus huertos y jardines den miel y vino de palmera. Que crezcan los tamariscos y abunden las cabras salvajes. Y padre, concédeme larga vida en el palacio de Ur.

Y Enlil se lo concedió todo, y Nanna-Suen, el hombre del cielo y dios de la Luna, gozo de una larga vida en el trono de Ur.

El paraíso sumerio

Era una tierra limpia, pura y resplandeciente, era la Isla de Dilmun. Hasta ella llegó el dios Enki, acompañado de su mujer Ninsikilla y decidieron asentarse en esta tierra. En Dilmun no existía ningún tipo de mal, ni tan siquiera la muerte. En la tierra de Dilmun los animales vivían en paz y no existía la enfermedad ni el dolor, y sus habitantes no envejecían. La pureza estaba presente en toda esta tierra y en todos sus habitantes.

Y mientras se encontraban admirando la idílica isla en la que iban a establecerse, Ninsikilla, sin apartar la vista de Dilmun, mencionó —esta es la más pura de las tierras, pero carece de agua para beber y regar sus campos y sus granjas. —Entonces Enki la miró, y tras unos instantes de silencio se adelantó unos pasos, alzó sus brazos al cielo y dijo: —Utu, dios del Sol que estás en el cielo; Nanna, dios de la Luna; que vuestro aliento haga brotar el agua dulce de la tierra. —Y entonces los ríos corrieron por Dilmun, sus pozos se llenaron y los campos y la ciudad bebieron en abundancia.

De repente Enki se encontró sólo en lo más alto de la ciudad, en el pórtico del edificio más grande de Dilmun; a su espalda la escalinata que bajaba a la villa y los campos que llegaban hasta el mar. Ante él se apareció Ninhursag, madre del país y señora de la montaña y le dijo – Has traído la abundancia del agua a esta tierra en la que te has establecido, pero esta agua ha creado también tierras pantanosas. ¡No debes dejar que nadie camine por el pantano! Enki se acercó a ella y afirmó con rotundidad - ¡Juro por la vida de An, padre de todos los dioses, que no permitiré que nadie entre en las tierras pantanosas! Y entonces la tomó en ese mismo lugar y Ninhursag recibió en su seno la simiente de Enki. Tras ello se dirigió a los marjales, para vigilarlos y así cumplir la promesa que le había hecho a Ninhursag.

Tras su marcha, Ninhursag quedo en el interior del gran edificio en la cima de Dilmun, llevando en su interior la semilla de Enki, que creció en su interior durante nueve días, uno por cada mes de embarazo. Al noveno día dio a luz a su hija Ninmu, quien atravesó el pórtico en forma de doncella, bajó la escalinata y se dirigió al punto más elevado de la finca, desde el que observó toda la tierra de Dilmun, sus campos, la ciudad y el pantano.

En aquel preciso momento Enki se encontraba a bordo de su pequeño barco de madera con su vela de lino blanco, patrullando el pantano en compañía de su consejero, Isimud, cuando dirigió la vista a la ciudad y vió en lo alto a Ninmu. Maravillado por lo que veía se dirigió a su acompañante — ¡Isimud, Mira allí! ¿no es hermosa esa doncella? — Sí lo es, mi Señor — afirmó Isimud en tono servicial — ¿Debería ir allí y besarla? — añadió Enki mientras la expresión de su cara cambiaba —Ve allí y besa a esa joven hermosa, yo levantaré un viento fuerte que nos lleve rápidamente a la orilla. — al instante el cielo cambió y un vendaval empujó la vela del pequeño navío hasta tierra firme. Enki saltó a la arena y corrió hasta la joven, la abrazó, la besó, y sin mediar palabra la tomó, dejándola encinta. Ninmu estuvo embarazada durante nueve días y tras este periodo dio a luz a Ninkurra, que al igual que su madre salió del palacio como una joven hermosa. Ninkurra se acercó a los cañizos cercanos al pantano y allí se encontraba Enki, que tras buscar la complicidad de su consejero, se acercó a la orilla y allí se acostó con la doncella, que se quedó embarazada. Ninkurra dio a luz a Uttu, que en forma de doncella salió del edificio y Nintu, su abuela, estaba esperándola en la escalinata. — Escucha lo que tengo que decirte, tengo un consejo para ti. —dijo Nintu a la joven. — Hay alguien entre los manglares, Enki, él está vigilando la zona. En cuanto te vea se acercará y querrá acostarse contigo, pero no debes dejarle hacerlo sin antes pedirle algo a cambio. Dile que quieres manzanas, uvas y pepinos.

–Tal y como Nintu le había advertido, Enki se acercó a ella, pero la joven le detuvo y le dijo que si le traía las manzanas y demás frutas la tendría a su disposición. Entonces, el dios Enki se apresuró a inundar las acequias y los diques para así regar los campos y que los árboles pudieran dar fruto. El jardinero, una deidad menor al servicio de los grandes dioses lleno de alegría abrazó a Enki y le agradeció el regalo del agua que había traído vida a su huerto –¿qué puedo hacer por ti para agradecértelo, Enki? –preguntó el jardinero –tráeme una cesta llena de manzanas, y añade también uvas y pepinos.

En cuanto el jardinero le preparó la cesta de fruta Enki se dirigió al palacio de Dilmun y allí, entre las columnas del pórtico, estaba Uttu esperándole. Enki le entregó la cesta de frutas y entró con ella al interior del edificio, donde se acostaron.

Nada más terminar Enki se marchó, y Nintu, que había observado toda la escena escondida, se acercó a su nieta Uttu, que aún se encontraba en el lecho, y cogió el semen de Enki de los muslos de la joven y esparció esta semilla de vida divina por los campos que rodeaban Dilmun y de ella brotaron y crecieron multitud de árboles frutales.

Pasaron los días y Enki se encontraba con su mensajero Isimud en su barco, cerca de la orilla, cuando reparó en la multitud de árboles y plantas que habían crecido en la zona. –Isimud, quiero saber todo sobre estas plantas, ven conmigo. –El dios y su visir se adentraron en la vegetación, y Enki fue preguntando uno a uno por los diferentes árboles, y comiendo sus frutos mientras Isimud le informaba sobre cada uno de ellos.

Ninhursag, la señora de la tierra del Dilmun, vio como Enki se comía los frutos de su huerto y considerándolo una traición a su confianza, encolerizo y maldijo a Enki, que en ese momento enfermó y comenzó a sufrir dolores por todo el cuerpo, algo hasta ese momento desconocido en la tierra del Dilmun. Ninhursag, asustada por el mal que había provocado en Enki y las posibles represalias, huyó del Dilmun, abandonó aquella tierra que por su maldición había dejado de ser pura.
Entre la maleza un zorro había sido testigo de lo ocurrido e impresionado por aquel dolor se apresuró en busca de ayuda. Al llegar a la casa de los dioses, el zorro se presentó ante Enlil y los Anunnaki y les contó lo sucedido, y se ofreció a encontrar a Ninhursag –si la traigo ante ti, ¿Cuál será mi recompensa? –preguntó el zorro –Si consigues traerla de vuelta, te daré tierras y jardines en mi ciudad, y tu nombre será venerado. – el zorro, convencido por la promesa de Enlil corrió en busca de Ninhursag.

La buscó entre las ciudades de los hombres, fue a Nippur, a Ur, a Larsa y a Uruk y finalmente localizó su escondite y consiguió apresarla y la llevó ante los Anunnaki, que la condenaron por lo que había hecho. Ninhursag, arrepentida, quiso enmendar el mal que había causado –traedme a Enki–pidió a los Anunnaki. Enki, dolorido y entre gritos de dolor fue cogido por Ninhursag en su regazo –Enki esposo mío, ¿qué te duele? – me duelen los dientes –contestó el dios. Y Ninhursag, usando su poder divino hizo que de los dientes de Enki naciera el dios Ninsutu, y el dolor desaparecio. – Esposo mío, ¿Qué más te duele? – me duele la costilla - y Ninhusag hizo que de su costilla naciera la diosa Ninti. Enki fue nombrando todas las partes del cuerpo enlas que estaba sufriendo dolores, y Ninhursag fue transformando estos dolores en dioses, y cuando Enki había sido totalmente librado de la maldición habían nacido ocho nuevos dioses y Ninhusag les ordenó su cometido: – Abu, tú serás el rey de las plantas, Nintul será el señor del país de Magan, Ninsutu se casará con Ninazu, que vive en los infiernos, Ninkasi será la diosa que sacie los deseos, Nazi se desposará con el dios gerrero Nindara, Dazimua con el dios de la vegetación Ningishzida, Ninti será la reina de los meses y que Enshagag sea el señor de Dilmun. ¡Oh padre Enki, ruega por ellos!

El descenso de Inanna a los infiernos

Inanna estaba decidida, tenía que honrar la memoria del marido de su hermana Ereshkigal, la señora de los infiernos, y para poder participar de sus funerales tendría que descender de los cielos hasta El Gran Abismo, y abandonar los templos que eran su hogar en la tierra, el Eanna de Uruk, el Baratushgarra de Nippur, el Eulmash de Agadé, y todos los demás repartidos por las ciudades de Sumer.

El descenso a la tierra sin regreso no sería sencillo, por lo que la diosa Inanna comenzó a prepararse. Se sujetó a su costado los siete "me", la materialización física de las reglas que daban sentido a todos los seres. Sobre su cabeza se colocó la corona de la llanura, llamada la Shugurra, que dejaba asomar sus cabellos rizados sobre la frente, en su cuello colgó collares de piedras, se puso su anillo de oro, se vistió con la coraza y la capa de princesa, aplicó maquillaje sobre sus ojos, tomó en su mano el bastón de mando "ninda", hecho de lapislázuli, y segura y determinada se dirigió hacia los infiernos, con su visir Ninshubur caminando a su lado. Entonces Inanna se detuvo y se dirigió a Ninshubur. —Cuando me haya ido quiero que guardes luto por mí, que reces plegarias de lamento en mi nombre y que hagas redoblar el tambor de la sala de los dioses en mi nombre. Después dirígete a los templos de los dioses y ruégales por mí salvación. Ahora, ¡vete y no olvides lo que te he dicho!

Inanna llegó al Palacio de la Montaña de Lapislazuli y allí, en las puertas del infierno, y utilizando un tono de voz orgulloso dijo: — ¡Abre el palacio, portero! ¡Neti, abre las puertas, voy a entrar sola! — Neti, el portero de los infiernos, pregunto — ¿Quién está llamado a la puerta? ¿Cuál es tu nombre?

—Soy Inanna, la reina del cielo.
—Y si eres la reina del cielo, ¿a qué has venido a la tierra sin retorno?
—Gugalanna, el marido de tu Señora, mi hermana Ereshkigal, ha muerto y traigo presentes para cumplir con las tradiciones en su funeral.
—Dejame consultarlo con mi reina, Ereshkigal.

Neti entró en el palacio, y en la oscura sala del trono se dirigió a Ereshkigal. —Mi Reina, hay una virgen con aspecto de diosa en la puerta de los infiernos. Viene sola y trae los siete "me", la corona de la llanura, coraza, capa y un cetro de lapislázuli.
Entonces, la reina Ereshkigal, apretó los dientes y enfurecida dio un golpe con su puño en el reposabrazos del trono. —¡Neti, abre las siete puertas del infierno y déjala entrar, pero desnúdala y tráela ante mi humillada!

Los cerrojos sonaron y las puertas se abrieron, al otro lado estaba Neti. — ¡Inanna, puedes entrar! —Nada más atravesarlos, los portones se cerraron y Neti le arrebató la Corona. — ¿Qué es esto? —preguntó Inanna sorprendida. —¡Silencio! Las leyes de los infiernos son perfectas, ¡no oses criticar nuestros ritos! —Inanna fue atravesando las siete puertas del infierno mientras Neti la despojaba del cetro, la coraza y todas las prendas y amuletos con los que se había preparado, y desnuda y humillada la llevó ante la presencia de la Reina.

La divina Ereshkigal estaba sentada en su trono. Junto a ella los 7 jueces, los Anunnaki, pronunciaron su sentencia condenatoria y de la boca de la Reina surgieron en forma de grito unas palabras llenas de cólera, un hechizo que hizo que el cuerpo de la mujer súbitamente enfermara hasta convertirse en un cadáver, que fue mágicamente elevado en el aire y colgado de un clavo en la oscura pared de la sala del trono del palacio.

Pasaron tres días y tres noches desde que Inanna había entrado en los infiernos, y su visir Ninshubur se presentó en el templo, como había prometido. Llevaba puesta una única y sencilla túnica, en señal de duelo, y comenzó a redoblar el tambor mientras recitaba las oraciones de lamentación por la pérdida de su ama. Terminada la ceremonia fúnebre pública se dirigió a Ekur, casa del dios Enlil, como habían planeado.

Nada más entrar en el Ekur se presentó ante Enlil y se echó a llorar a sus pies. —Oh, padre Enlil, no permitas que tu hija Inanna sea condenada a la muerte en los infiernos. — suplicó el visir.

—Lo que mi hija ha pretendido hacer sobrepasa todos los límites. ¿Quién podría osarse a dar órdenes en su favor en ese lugar? No puedo atender tus plegarias.

Como habían previsto, Enlil no se apiadó de ella, por lo que Ninshubur abandonó el Ekur y se dirigió a la ciudad de Ur. Allí subió las escaleras del gran templo de la creación, entró en la sala de los dioses y se arrodillo ante Nanna, el dios Luna, y le pidió la salvación de su señora, pero Nanna tampoco atendió a sus plegarias, por lo que se dirigió a Nipur, su última esperanza.

Habiendo llegado a Nipur y encontrándose en el gran templo morada del dios Enki, Ninshubur rompió en lágrimas —oh, padre Enki, no dejes que tu hija, la virgen Inanna, sea condenada a muerte en los infiernos. —¿qué le ha ocurrido a mi hija? ¡yo la ayudaré! — Entonces Enki sacó un poco de tierra de debajo de sus uñas pintadas de rojo y con ella modeló a dos seres asexuados, un kurgarru y un kalaturru. A uno de ellos le entregó el alimento de la vida y al otro el agua de la vida y les ordenó —dirigios a los infiernos, y cuando os dejen entrar os ofrecerán agua del río y grano de los campos, ¡no lo aceptéis! Pedid que os entreguen el cuerpo de Inanna.

Los dos seres se dirigieron a las puertas del infierno y estuvieron merodeando por la zona, hasta que Neti, el portero, se dirigió a ellos —vosotros dos, ¿a qué habéis venido?
—hemos venido a presentarnos ante tu reina — respondió el kurgarru.
—¿qué sois dioses? ¿hombres? — Preguntó Neti, pero los dos seres no respondieron.

—Muy bien, seáis dioses u hombre aquí decretaremos vuestro destino, ¡pasad! —las puertas se abrieron y el kurgarru y el kalaturru atravesaron el umbral de la tierra sin retorno. Una vez dentro y tal como había predicho Enki les ofrecieron agua y comida, pero ellos la rechazaron, evitando así la trampa que podía haber echado por tierra su misión. Los seres fueron llevados a la sala del trono, donde se encontraba Ereshkigal y los jueces Anunnaki, y antes de que ninguno de ellos pudiera mediar palabra, el kalaturru se dirigió a la diosa —entréganos ese cadáver que tenéis colgado de un clavo — dijo mientras señalaba el cuerpo sin vida de Inanna que se exhibía en los muros del gran salón. Ereshkigal, tras unos segundos en los que dudó, con cara de sospecha les preguntó —es el cuerpo de vuestra reina, ¿verdad?

—aunque sea el cuerpo de nuestra reina, dánoslo — replicó el kurgarru. La diosa de los infiernos lo meditó unos instantes y contestó —está bien. — y con un gesto de su mano el cadáver se descolgó de la pared y flotó hasta situarse en el suelo delante de ellos. Entonces ambos se arrodillaron frente al cuerpo y lo rociaron con el agua y el alimento de la vida, e Inanna abrió los ojos y se puso en pie. En ese momento el kurgarru y el kalaturru se deshicieron en el polvo del que habían sido formados, pues su misión había sido cumplida.

Inanna miró a su alrededor sin entender que había pasado y corrió hacia la salida, pero los Anunnaki se abalanzaron sobre ella y la cortaron el paso y uno de ellos dijo —¿quién de los que ha bajado a los infiernos ha podido salir indemne? Si quieres salir de aquí a cambio tendrás que entregarnos a alguien que ocupe tu lugar ¿aceptas esta condición? —entonces Inanna, sin muchas más opciones, aceptó.

Inanna remontó los infiernos y volvió a la tierra de los vivos, pero no caminaba sola, la escoltaban unos demonios Galla. Los Galla eran seres oscuros, entes fantasmagóricos, no conocían la comida y tampoco bebían agua, desprendían un aura de frio y de ausencia de vida, eran los encargados de arrebatar a la esposa del lado de su marido y al recién nacido de los brazos de la matrona. El Galla que caminaba delante de la virgen Inanna portaba un cetro, aunque no era visir y los otros tres que la rodeaban llevaban espadas colgadas a su cintura, aunque no eran caballeros.

A la salida de los infiernos se encontraba Ninshubur, que al verla empezó a llorar con una mezcla de alegría e incredulidad y corriendo se echó a sus pies. Al verle, uno de los Galla dijo a Inanna —puedes volver a tu ciudad, nosotros nos llevaremos a este hombre en tu lugar. —pero Inanna respondió — Este es mi visir, mi hombre de confianza, el más fiel que he conocido. Él oró por mi cuando descendí a los infiernos y viajó a las casas de los dioses para suplicar por mi salvación. Él no será condenado en mi lugar.

La diosa, junto a su visir y acompañada por los demonios continuó su viaje hasta la ciudad de Umma, en el sur del país. Allí avanzaron en la oscuridad de la noche, por las calles vacías y pobremente alumbradas con algunas antorchas dispersas, hasta llegar al Sigkurshagga, el templo hogar del dios Shara, hijo de Inanna. Al llegar vieron a Shara vestido con ropajes sencillos en señal de duelo, y se echó a sus pies. Entonces Inanna, viendo la preocupación de su hijo por ella, se dirigió a los Galla —mi hijo Shara tampoco puede ocupar mi lugar en el infierno.

La comitiva continuó su camino, pasando por Badtibira, donde el dios Lula también guardaba luto por Inanna, por lo que decidió no condenarle. Y entonces llegaron a Kullab.

La ciudad de Kullab rebosaba vida, era día de mercado y los campesinos apenas repararon en el paso de Inanna y los Galla, estaban ocupados comerciando con sus productos en las atestadas calles que conducían al templo principal de la urbe, dedicado a Dumuzi, deidad de la agricultura y marido de Inanna.

Cuando la comitiva entró en la sala central del templo se encontró con una fiesta, las jóvenes bailaban y los pastores tocaban sus flautas y camarillos. Dumuzi estaba sentado en su trono, en lo alto de la sala, vestido con ropajes festivos y disfrutando de la celebración.

Inanna no lo dudó, echo a su marido una mirada de odio y empezó a maldecirle con ira, y dirigiéndose a los Galla dijo, —¡Él es, lleváoslo! — los músicos dejaron de tocar y los demonios se abalanzaron sobre él y le arrastraron por las piernas. El rostro de Dumuzi empalideció y mientras lloraba elevó sus brazos al sol y comenzó a suplicar —¡Utu! Tú eres el hermano de mi mujer, somos familia. Yo llevo el alimento a la casa de tu madre, ¡Ayúdame! Convierte mis brazos y piernas en dragones y así poder escapar. — pero el dios sol, Utu, no atendió sus plegarias.

Los condenados llegaron al palacio de los infiernos, y fueron llevados ante la reina del inframundo, Ereshkigal. La hermana de Inanna se encontraba en la sala del trono, acompañada de los Anunnaki, al verlos llegar dijo — Bien Inanna, veo que ya has encontrado un sustituto para cumplir tu condena ¿quieres que tu marido Dumuzi pase la eternidad colgado de la pared de esta sala? — Inanna había tenido todo el camino de vuelta para pensar, y aunque la actitud de su marido no había sido de su agrado, ella era la única culpable de la situación, por lo que, tras unos segundos de duda respondió en voz baja— no.

Ereshkigal meditó su decisión unos instantes, y tras buscar con la mirada la aprobación de los Anunnaki se dirigió a la pareja de dioses. — tengo la solución. Tú, Inanna, cumplirás la condena durante la mitad del año y como tu marido Dumuzi es inocente, durante la otra mitad del año la condena será cumplida en lugar de por él, por su hermana. A cambio, durante los periodos en los que ella no esté en los infiernos, tu hermana vivirá en el palacio de la diosa Inanna.

Ambos estaban conformes con la sentencia y se lo agradecieron a la señora de los infiernos.

Made in the USA
Columbia, SC
27 December 2024

50682071R00022